Círculo Rojo

DESAFIANDO LA TORMENTA:
Mi vida con síndrome de Tourette

DESAFIANDO LA TORMENTA:

Mi vida con síndrome de Tourette

Fidel López

Círculo Rojo
EDITORIAL

Primera edición: febrero 2025

Depósito legal: AL 3867-2025

ISBN: 979-13-7008-123-2
Impresión y encuadernación: Editorial Círculo Rojo

© Del texto: Fidel López
© Maquetación y diseño: Equipo de Editorial Círculo Rojo
© Ilustración de portada: Alicia Abril

Editorial Círculo Rojo
www.editorialcirculorojo.com
info@editorialcirculorojo.com

Impreso en España - Printed in Spain

Quiero dar las gracias:

Al Espíritu Santo, por darnos la inteligencia, sabiduría, paciencia, entendimiento y la capacidad para ejercer este proyecto y porque ha estado conmigo a cada paso que doy, cuando más lo necesito, cuidándome y dándome fortaleza para continuar y por hacer palpable su amor a través de cada uno que nos rodea.

De igual forma, a mis padres, hermana y a mi sobrina Marta, a quien debo toda mi vida, les agradezco el cariño y la comprensión. Me habéis formado con buenos sentimientos, hábitos y valores, lo cual me ha ayudado a salir adelante buscando siempre el mejor camino, entregándome a mí su entera confianza en cada reto que se me presentaba sin dudar ni un solo momento.

A mi pareja, Cristina Faya, por guiarme en este camino y demostrarme día a día lo que es el amor incondicional.

A mis abuelos y abuelas, y en especial a mi *chuchuga*.

A mis padrinos, Juana y Jesús; mis tíos Cristóbal y Francisca, Fidel y Belén, Salvador y Rosa, y Chari. Primos y amigos, gracias por aportar ese granito de arena en crear una mejor versión de Fidel López.

Os quiero.

INTRODUCCIÓN

Hola, soy Fidel López García, tengo 33 años, nacido en Bullas, provincia de Murcia.

Este es el relato de mi vida, una historia marcada por desafíos, luchas y, sobre todo, un profundo deseo de ser comprendido.

Desde muy joven, he enfrentado la complejidad de vivir con el síndrome de Tourette, TDAH con hiperactividad, TOC, y trastorno depresivo recurrente.

Estos diagnósticos han sido parte de mi identidad, pero no definen quién soy en su totalidad.

Mi infancia estuvo llena de momentos difíciles donde los tics y la dificultad para concentrarme en mis estudios se convirtieron en obstáculos que parecían insuperables.

A menudo, me sentí aislado e incomprendido por una sociedad que no siempre sabe cómo reaccionar ante lo que no puedes ver.

Sin embargo, a través de cada desafío he aprendido lecciones valiosas sobre la resiliencia, la empatía y la importancia de la autoaceptación.

Este libro es un viaje a través de mis experiencias, un intento de arrojar luz sobre lo que significa vivir con condiciones que a menudo son invisibles para los demás.

Espero que, al compartir mi historia, pueda inspirar a otros que enfrentan luchas similares y fomentar una mayor comprensión y aceptación en nuestra sociedad.

Acompáñame en este recorrido donde cada página es un paso para la sanación y la comprensión.

Os dejo con una breve explicación del síndrome de Tourette, llevada a cabo por mis psicólogas, Diana Varsermanas Brower y Alejandra Frega Vasermanas, psicólogas que me han ayudado desde principio a fin con este reto tan importante para mí.

En especial, a Diana por ser una parte muy importante de mi situación actual y estar disponible siempre para mí.

Muchísimas gracias por su prólogo y autorizarme el uso de textos de su autoría para la introducción de mi libro.

PRÓLOGO

Desafiando la tormenta
o cómo Fidel consigue vivir y convivir con el síndrome de Tourette

Tras varios años de dedicación profesional al síndrome de Tourette, en 2004 creamos el programa de apoyo psicosocial **Vivir y Convivir con el Síndrome de Tourette ©,** pionero en esta problemática, para poder abordar y dar a conocer algo silenciado, que nosotras veíamos y continuamos viendo en la mayoría de nuestros pacientes: que en la base de su sufrimiento emocional y el agravamiento de sus síntomas están las respuestas de burla, rechazo y hasta penalización que sus múltiples e irrefrenables tics motores y fónicos generan en gran parte de su entorno escolar y sociofamiliar, incluso en ámbitos de ocio, de diversión y de trabajo.

Respuestas y actitudes de incomprensión que tienen un efecto demoledor sobre la autoestima, la personalidad, la actitud ante la vida y el desarrollo personal de quienes padecen el síndrome de Tourette (ST).

Aún hoy, niños y niñas con ST cuyos padres y madres llegan a sentirse perdidos y desolados al verlos sufrir crecen entre hostilidades hacia esta condición crónica poco conocida del neurodesarrollo, sintiendo que no son aceptados tal y como son, tal como *no pueden evitar ser*, aunque se *esfuercen* por reprimir o disimular esos tics que no saben por qué tienen.

Son niños, niñas y jóvenes que crecen **desafiando tormentas**, con paraguas que no se abren o que se vuelan por el viento, como Fidel.

Conocimos a Fidel cuando buscaba ayuda para superar el impacto de tantas tormentas causadas por el Tourette… y, poco a poco, en el proceso terapéutico que iniciamos, fue emergiendo esa persona talentosa, luchadora, capaz y sensible que es Fidel, ese Fidel creativo y tenaz que Fidel no conocía y cuyos logros empezó a valorar; un Fidel que comenzó a entender y a integrar su Tourette y que por fin pudo decir: «**Yo tengo Tourette, pero mi Tourette no me define**»… Un Fidel que descubrió que había desafiado y superado muchas tormentas sin saberlo.

Y en ese proceso también fue emergiendo la determinación de Fidel de sacar recuerdos y vivencias, de mirarlos a la cara y ponerlos en palabras… hasta ser capaz de escribirlos en este libro, que con mucha alegría os invitamos a leer y disfrutar.

A través de sus páginas podréis conocer y comprender mejor lo que significa vivir y convivir con el síndrome de Tourette de la mano de alguien que lo está consiguiendo.

Felicitaciones, Fidel, por tu primer libro, y que sigas desafiando las tormentas que te toque afrontar con la confianza de que **tú**

sabrás cómo hacerlo, aunque a veces los paraguas no se abran o se rompan con el viento.

Diana Vasermanas Brower.
Psicóloga clínica, Máster en Terapia de Conducta

Alejandra Frega Vasermanas.
Psicóloga y neuropsicóloga. Habilitación Sanitaria

Especialistas en Síndrome de Tourette

© En qué consiste el síndrome de Tourette

El síndrome de Tourette (ST) es un trastorno crónico **del neuro-desarrollo, de inicio en la infancia o adolescencia, que afecta a los neurotransmisores.**

En el ST hay una excesiva actividad de la dopamina; también pueden verse afectados la serotonina, la adrenalina, la norepinefrina y la acetilcolina.

En la etiología y expresión del ST, pueden concurrir factores genéticos, epigenéticos y estresores psicosociales.

Pese a ser descrito en 1855 por el médico **Georges Gilles de la Tourette**, la **poca difusión** y el **desconocimiento** que aún existen sobre el ST conllevan con frecuencia prejuicios, demoras y errores diagnósticos, así como dificultades para obtener apoyos y tratamientos adecuados.

La característica esencial del ST es la presencia de múltiples tics motores o fónicos, que consisten en la emisión de movimientos, sonidos, palabras o frases.

Los tics pueden ser simples o complejos:

➢ Ejemplos de tics motores simples: parpadeo, sacudidas de la cabeza, fruncir la nariz.

➢ Ejemplos de tics vocales simples: gruñidos, risa, ladridos, carrasperas.

➢ Ejemplos de tics motores complejos: tocar personas o cosas; imitar movimientos (ecopraxia); realizar gestos considerados obscenos (copropraxia); saltar; golpear, etc.

➢ Ejemplos de tics vocales complejos: repetir palabras (ecolalia), emitir insultos o palabras consideradas obscenas (coprolalia).

La aparición de los tics es involuntaria, sin intención premeditada de burla o agresión.

En ocasiones, las personas afectadas pueden **suprimir los tics** durante un periodo de tiempo, pero el esfuerzo produce un **aumento de la ansiedad,** que necesitan liberar.

Por lo general, los síntomas del ST se inician entre los 2 y los 18 años, si bien **hay edades y situaciones en las que pueden aumentar,** como en la pubertad, o con el inicio del curso escolar.

En el espectro del ST, además de los tics, pueden presentarse otros síntomas que se relacionan con trastornos asociados, que aumentan limitaciones y dificultades.

Entre los trastornos asociados al espectro del ST se destacan:

➢ El trastorno obsesivo-compulsivo (TOC): pensamientos intrusivos, acompañados de conductas estereotipadas o rituales neutralizadores de la ansiedad.

➤ Trastorno de déficit de atención con o sin hiperactividad (TDAH/TDA): puede preceder o acompañar la aparición de tics u otros síntomas del ST.

➤ Trastornos de ansiedad y del estado del ánimo (depresión, disforia, baja autoestima).

➤ Trastornos de aprendizaje: dificultades para el cálculo, resolución de problemas y lectoescritura; ciertos tipos de dislexia y alteraciones de la caligrafía.

➤ Dificultades para el control de la impulsividad; agresividad, autoagresividad.

➤ Trastornos del sueño y/o de la alimentación.

➤ Alteración en las funciones ejecutivas: dificultades con la organización y planificación.

➤ Trastornos del espectro autista: síndrome de Asperger.

En el síndrome de Tourette plus, además de los tics, se manifiestan y tienden a cronificarse dos o más trastornos asociados.

Si bien el ST tiene **etiología orgánica,** tanto los tics como otros síntomas pueden manifestarse o exacerbarse por **factores ambientales y psicosociales** como el estrés, el cansancio, la sobrecarga de exigencias y **las reacciones de burla, rechazo o penalización que los tics suelen causar.**

Por ello, **la actitud del entorno familiar, educativo y social** ejerce una gran influencia en la evolución y tratamiento de este síndrome.

Es importante destacar que **el ST no afecta ni menoscaba la inteligencia o capacidad intelectual,** que suele ser normal y en algunos casos superior a la media.

Pese a ello, **el rendimiento puede verse afectado** tanto por los tics y otros síntomas como por los factores psicosociales mencionados, **aumentando el riesgo de acoso y fracaso escolar, y las dificultades de inclusión académica, sociolaboral y profesional.**

- **NO existe aún un tratamiento farmacológico específico ni curativo para el ST.**

En los casos en que los tics resulten muy incapacitantes o dolorosos, se prescriben **psicofármacos que pueden proporcionar un alivio o mejora.** La medicación es variable; los tipos de fármacos y su posología dependen de los síntomas predominantes y del criterio médico.

El objetivo de la terapia farmacológica es lograr el máximo control de los síntomas con el mínimo grado de efectos colaterales, ya que los fármacos pueden actuar sobre algunos síntomas, pero **producen efectos secundarios que no pueden ignorarse**, como somnolencia, sedación, aumento de peso o de los tics, alteraciones digestivas, inquietud motriz, galactorrea, impulsividad, etc.

- **La terapia psicológica especializada está considerada la primera elección para el abordaje del ST.**

La ©terapia cognitivo-conductual multifocal para el síndrome de Tourette y sus trastornos asociados (D. Vasermanas y A. Frega, 2004) contribuye a la prevención y reducción de tics y otros síntomas, incidiendo positivamente en pensamientos, actitudes, comportamientos y estados emocionales en la persona afectada y en su entorno sociofamiliar.

En el tratamiento es necesario **incluir orientaciones para que el ámbito sociofamiliar, académico, laboral e institucional puedan colaborar sistemáticamente** con los objetivos de recuperación e integración, proporcionando los apoyos y recursos necesarios en cada caso.

Nuestra experiencia profesional nos confirma que **el abordaje interdisciplinar, la comunicación y el apoyo psicosocial son fundamentales** no solo para el afrontamiento y reducción de la compleja sintomatología y limitaciones que puede conllevar el ST a lo largo del ciclo vital, sino también para conseguir que las numerosas capacidades de las personas con ST puedan desarrollarse y manifestarse por cauces de confianza, normalidad, estabilidad emocional, y con los reconocimientos que se merecen.

©**Diana Vasermanas Brower** y ©**Alejandra Frega Vasermanas**

- Directoras de **PSICOTOURETTE** (gabinete de psicología y neuropsicología especializado en síndrome de Tourette y otras enfermedades del neurodesarrollo).

- Psicólogas asesoras y socias de honor de la Asociación Andaluza de Pacientes con Síndrome de Tourette y Trastornos Asociados (ASTTA).

- Creadoras de la terapia cognitivo-conductual-multifocal para el síndrome de Tourette.

- Autoras y directoras del programa Vivir y Convivir con el Síndrome de Tourette, desarrollado por ASTTA desde 2004, y de otros programas para el apoyo psicosocial y comunitario para el síndrome de Tourette.

- Fundadoras del Grupo de Enfermedades Raras, Neurodegenerativas y Crónicas, y psicólogas divulgadoras del Colegio Oficial de la Psicología de Madrid.

LOS PRIMEROS AÑOS

———

Tenía 10 años de edad, me encontraba en el colegio Obispo García Ródenas, en clase de Inglés. Fuertes movimientos de cabeza y diversos tics nerviosos estaban llegando a mi vida, llevaba unas semanas haciendo movimientos involuntarios extraños, pero mi mente no le había dado importancia, hasta que empezaron a generar daño en mi cuerpo.

Si intentaba contenerlos, se multiplicaban por diez, y los nervios se apoderaban de mí.

Estaba muy asustado, mi maestra me miraba extrañada, no sabía qué me pasaba, indecisa de acercarse a mí.

Ese día era tanto el estrés y los nervios que esos tics contenidos salieron a la luz frente a mis compañeros y maestros. Mi maestra se acercó y me preguntó qué me estaba pasando, que me iba a hacer daño, y yo no sabía qué contestar. No podía controlar los espasmos y movimientos que mi cerebro mandaba a mi cuerpo.

Me sacó de la clase y habló con mi familia, nadie sabía qué estaba pasando.

Acababa de llegar a mi vida, no sabía qué estaba ocurriendo, yo solo sentía la necesidad involuntaria de hacer esos movimientos, no tenía poder sobre ellos y estos generaban un gran dolor en todos los músculos de mi cuerpo.

La mayoría de esos movimientos eran fuertes latigazos en el cuello; otras veces, golpes en los muslos. Cuanto mayor era el golpe, más tensión acumulada liberaba mi cuerpo.

Además, tenía muchos TOC, pero no les daba mayor importancia, porque me centraba en lo que me causaba tanto dolor: los tics.

Estaban llegando y cada vez eran más y más fuertes, sin control, terminando los días agotado y sin querer levantarme al día siguiente.

Mis días eran eternos, no había empezado el día y ya quería que fuese de noche para poder dormir y no pensar más en lo que me estaba pasando.

Esa sensación de «¿Por qué hago esto? ¿Ahora qué va a hacer mi cuerpo? ¿Por qué yo? Me estoy haciendo mucho daño, pero no puedo parar», entre lágrimas.

Fui buscando métodos, pero ayudaban muy poco. En clase me sentaba siempre pegado a la pared apoyando el cuello sobre esta, lo retenía un poco, pero no era eficaz como para vivir con tranquilidad.

En el recreo empecé a sentarme junto a una pared, no podía disfrutar o jugar con mis amigos, era desolador.

Además, tenía que pedir a mi amigo Francisco Octavio todas las tareas que habían mandado apenas hacía 1 hora porque siempre estaba desconectando sin yo querer; no sabía por qué aún, pero siempre estaba distraído.

Mientras andaba, iba sujetándome el cuello con las manos; este acababa el final del día con heridas que generaban mis manos para sujetar mi cuello y poder controlarlos.

Era todo muy complicado, los movimientos eran fortísimos y, cuanto más me decían que parara, más me cabreaba. Estaba muy irritable, nadie me podía tocar la cabeza. Mi madre no sabía qué hacer, pero supo llevarme muy bien para que yo me encontrara lo más tranquilo posible centro de mi estado de nervios constantes.

Mi abuela María Jesús, con la que vivía desde el fallecimiento de mi abuelo Luis, me hacía masajes todas las noches, me tranquilizaba. Aún recuerdo sus manos masajeando mi cuello y mi espalda mientras yo lloraba y rezábamos el rosario juntos.

Me enseñó muchísimos valores que a lo mejor en su día no supe comprender en su totalidad, pero con el paso del tiempo la vida misma te hace ver que lo que antes pensabas que no ahora es un sí.

En verano me iba al campo con mi tía Francisca, mi tío Cristóbal y mis primas María José y Paquita; eran los mejores veranos del mundo. Era mi mejor momento del año, tenía mucho menos estrés y los tics se podían controlar un poco más.

Pero en mi pensamiento empecé a ser el chico raro del pueblo, mucha gente se reía de mí, aunque intenté que me influyera lo menos posible.

Mi familia estaba conmigo y mis amigos, en especial, Fernando Amor, que sin duda fue y sigue siendo una parte muy importante de mi vida junto con Francisco, Rafa y Antonio. Sin preguntar aceptaron que eso formaba parte de mí, me lo pusieron muy fácil.

Al cabo de unos meses fui aceptando mi problema y sabía que tenía que convivir con él, pero tenía que saber qué me estaba pasando a través de profesionales.

RECONOCIENDO LA DIFERENCIA

———

Todo se multiplicaba, los compañeros de clase se reían, había muchos niños. Me iba a costar trabajo su aceptación, pero lo conseguiría.

Ni mi familia ni yo sabíamos qué estaba sucediendo, imaginad la sociedad la cantidad de cosas que podían pensar, era muy complicado. Nosotros queríamos darles una contestación lo más adecuada posible, pero era bastante difícil.

Los daños musculares, contracturas, nuevos tics, nuevas obsesiones seguían; aparecían también las ansiedades. Una de mis virtudes es ser una persona muy extrovertida y, a través de esto, conseguí, luchando día a día, hacer ver que yo era un chico nervioso y que por eso realizaba esos tics. Esa fue la mejor manera de vivir en paz con la sociedad.

Pero esto acababa de empezar, mis días en el colegio seguían igual, eternos, esperando que acabara el día constantemente, a ver si mi cuerpo paraba de una vez. Pero aparecieron más miedos, estrés, risas del pueblo mayores y menores; un desastre que no era lo que pensaba de la aceptación.

En casa para estudiar, la doctora Ayala me recomendó hacerlo con un atril para poder apoyar la cabeza en el mueble por los fuertes movimientos y todos los daños cervicales y contracturas que me estaba generando, y me felicitaba por cada paso que daba en mi camino educativo, ya que era muy complicado.

Tras una lista larga de médicos, un martes en la tarde teníamos cita en una forense en San Pedro del Pinatar. Tras varias horas en la consulta y mis tics aumentando por segundos, nos dieron los resultados, por fin le daba nombre: síndrome de Tourette plus, porque me habían diagnosticado TOC, TDAH, trastorno depresivo recurrente y trastorno de ansiedad.

En definitiva. un *pack* como cuando te compras un coche y le pones todos los extras…

Recuerdo cómo portaba mi madre el informe entre las manos y me miraba con cara de pena con lágrimas entre los ojos. Habíamos conseguido ponerles nombre a mis problemas, era una mezcla de felicidad y de tristeza porque no tiene una curación determinada.

De camino a casa ocurrió uno de los sucesos que más recuerdo de mi vida. Mis padres conduciendo su Ford Fiesta repetían entre lágrimas: «Lo sentimos mucho por las veces que te hemos dicho: "No hagas más lo del cuello", "Para ya", "Estate quieto". Perdónanos, de verdad». Yo no lo sentía así, ellos siempre me habían apoyado en todo, y si alguna vez me lo decían era por desconocimiento mutuo de la enfermedad y por mi salud, ya que los fuertes golpes que pegaba con la cabeza a veces golpeaban contra la pared y mi estado físico siempre estaba en peligro.

Desde este momento empezamos a investigar sobre el ST para familiarizarnos con él.

MI FUERZA

Mi padre, Francisco López Hernández, un luchador, un ejemplo para mí, respetable y honorable, fuera y dentro de casa. Me llamaba a filas constantemente: «Chote, al sofá», y con sus discursos alentadores y esas buenas palabras me hacía comprender lo que acababa de hacer mal en casa. Él generaba en mí esa sensación de confianza y tranquilidad que una persona como yo necesitaba en cada momento del día. De él heredé la pasión por el motociclismo, esa terapia que te generan las dos ruedas mientras paseas por la naturaleza. Gracias a él nunca he estado derrumbado al 100 % porque, si haces algo mal al día siguiente, te daba la oportunidad de solucionarlo mostrando tu arrepentimiento.

Mi madre, Isabel García Gea, mi guía en esta vida tan complicada, me enseñó a vivir con el ST, a no derrumbarme y a pensar que siempre hay solución. Ella era mi organización, ya que yo era un desastre y lo perdía todo, nunca me acordaba de dónde dejaba las cosas. Luchadora y fiel compañera que trataba mis problemas como suyos. Insaciable, médico a médico, prueba a prueba, informe a informe, siempre a mi lado.

Mi hermana, Ana Isabel, fisioterapeuta y enfermera de salud mental, fue quien me consiguió mi psiquiatra —que he tenido tantos años y ha marcado mis pautas a seguir—, la que iba al colegio a defender a su hermano de las risas fáciles al más débil, la que me ayudó a hacerme respetar; mi hermana mayor. Incansable con un amor hacia mí incuestionable, la mejor hermana que yo he podido tener. Enfermera de salud mental que ayuda y trata a chicos como yo, una de esas personas que luchan por la aceptación social de personas normales con pequeñas *alergias*. Me animaba constantemente cuando mi trastorno depresivo recurrente se apoderaba de mí. Uno de los pilares fundamentales de mi vida que hacen que yo nunca me sienta solo o desamparado.

Mi lucha con la aceptación social fue complicada, pero gracias a mi familia y en especial a estas 3 personas, mi etapa infantil fue mejor de lo esperado.

SÍNDROME DE TOURETTE VS. ESTUDIOS

Terminé primaria y, cuando mejor estaba, cuando ya las risas eran inusuales, cuando los profesores sabían de mí y ya no se asustaban por los fuertes tics, llegó el instituto.

Nuevos compañeros, nuevos profesores y más nivel de estudios y lo que ello conlleva: tic, tic, tic.

No fue nada fácil, fue extremadamente difícil. Comencé primero de la ESO y empecé a tratarme con médicos especialistas, ya que conforme más avanzaba la vida y más nivel de responsabilidad requería algo, los tics, el estrés, la ansiedad y la hiperactividad aumentaban sin límites y surgían muchos problemas.

Perdía las llaves de casa o la cartera en clase, no me acordaba de las tareas, no me concentraba para estudiar, los profesores me llamaban la atención constantemente. Sin yo querer, la mente se iba a otra parte.

Me preparaba los exámenes 2-3 semanas antes; si era memorizarlo, con mucho tiempo de antelación lo podía aprobar, pero si era de cálculo y resoluciones sin saber lo que iba a aparecer, era muy complicado que lo aprobase, de ahí mis problemas con Matemáticas, Física y Biología.

Muchísimo esfuerzo y mucha programación diaria para llevarlo todo al día. Si no hubiera tenido apoyo particular y a mis padres encima de mí, no hubiese podido en absoluto. Con ayuda psiquiátrica conseguí hacer una serie de ejercicios y rituales que me ayudarían a poder a organizar mi vida mucho más, como dejar las cosas importantes siempre en el mismo sitio y una agenda con todo lo que tienes que hacer, que a día de hoy sigo llevando a mi lado como una prolongación de mi cuerpo.

Aprendí que machacando mi cuerpo físicamente el final del día era menos malo para mí: tenis, fútbol… Las actividades eran por la tarde; por la mañana había colegio; mi mente siempre pensaba que ojalá fuese al revés, las mañanas de deporte y las tardes de clases, pues tendría muchos menos tics y podría notar el beneficio, pero eso era inquebrantable, no merecía la pena ni plantearlo. No os podéis imaginar lo duro que es viviendo no queriendo hacer algo, sabiendo que va a pasar y no lo puedes controlar. No sabría decir si era peor el pensamiento de no poder controlarlo o el dolor muscular.

Iban apareciendo más tics, sonidos como si estuviera resfriado, puñetazos en los muslos, cuello; repetía la palabra «bien, bien, bien» mientras de una forma extraña medía la grasa corporal de mi cuerpo, siempre tres veces; muchas roturas de dientes por los fuertes apretones que hacía mi mandíbula…

Repetía las cosas mientras estudiaba unas diez veces para grabarlas en mi memoria, palabra a palabra, pero mi mente se evadía y, cuando volvía, no recordaba la palabra que había repetido diez veces.

Nuevos compañeros que se reían de mí, pero los que llevaba conmigo del colegio hacían ver a los demás que Fidel era así, un chico superdivertido, pero con pequeñas manías.

A los profesores les conté mi caso y así me dejaban apoyarme contra la pared, y empecé a tratarme con Rafa, psicólogo y terapeuta del centro. Tenía muchos problemas de conducta, pero no hacia los compañeros, sino a mi distracción en el instituto. No me concentraba, me distraía con facilidad, pero el ST no estaba familiarizado como está a día de hoy; si te distraías era por otros motivos y si no prestabas atención era por vago o por no interesarte la materia.

Me costó muchísimo lidiar con estas situaciones, los profesores no entendían que yo era así y siempre estaban con «Fidel» en la boca. Si alguno de mis antiguos profesores lee este libro, me gustaría decirle que todos estos hechos anteriores no eran por ser vago, ser nervioso o que no me interesaba nada, sino porque tengo el ST plus. Si cualquier de ellos hubiera indagado en el asunto o hubiera puesto un poco de atención en mí, todo hubiera sido un poco más fácil. Ellos lo desconocían, yo también, era algo nuevo para todos, pero si un niño está pegando fuertes latigazos con el cuello y pierde la noción del tiempo, lo mínimo que se debe hacer es no reírse y preguntar e informarte de lo que está pasando, o al menos es lo que yo haría.

Quiero hacer mención especial a Maribel, Juan Ángel, Blas, Susana, Juani, Rafa y María del Mar (esta última incluso me dejó llevar una gorra en clase para frenar mis tics): ellos hicieron que mi etapa de estudios fuese lo más amena posible y me tendieron la mano en situaciones estresantes; como digo, siempre esta inmensa mayoría olvida a la minoría. Gracias de todo corazón.

VISIÓN DOBLE

Me encontraba en tercero de la ESO, mis calificaciones hasta ese momento habían sido buenas, era campeón local de tenis, cuatro veces campeón local de pimpón, estaba jugando al fútbol en el Club Deportivo Bullense.

Pero la dificultad del estudio fue aumentando y, con ello, los problemas, estrés y nervios. Por si todo esto fuera poco, apareció la visión doble. No sabía qué estaba pasando, mi ojo derecho no giraba, se me subía arriba y tenía que adoptar una postura con el cuello para no ver doble, iba con la cabeza doblada. Seis meses de médico en médico, ingresos en hospitales, nadie sabía nada.

Tuve que dejarme el fútbol, no tenía reflejos, no veía el balón venir; el tenis igual, le daba al aire con la raqueta. Todo se había ido al carajo.

Los días pasaban entre lágrimas. Para poder estudiar, me tiraba retorcido en la cama sujetándome el cuello por los tics, y para poder ver los párrafos y que no se entremezclaran por la visión.

Después de un año llegó el doctor Mínguez, mi salvación. Me operó por estrabismo y diplopía en el cuarto par del ojo derecho y tras una dura recuperación volvió relativamente a la normalidad, dejando en mí algunas secuelas.

Continué con el deporte, pero ya no era igual, había perdido los reflejos, pero me adapté y pasé a formar parte del cuerpo técnico de Juan Carlos Cuenca. Él se adaptó a mí y me utilizaba tanto para motivar a los jugadores como para entrenar a los porteros.

Fue un año especial porque, aun no pudiendo jugar por mi visión, me dio 45 minutos en el último partido de liga, donde conseguimos el ascenso a primera autonómica, dejándome tirar un penalti y anotando un gol que jamás olvidaré. Me tomé el deporte a nivel aficionado, ya que me hubiera gustado seguir federado para rendir más.

Al cabo de un año, me volvió a pasar lo mismo, pero en el ojo izquierdo. No me lo podía creer, estaba viendo doble otra vez, no había recuperado la visión normal totalmente en el ojo derecho y tenía que volverme a operar del izquierdo. Una parte de mí, la positiva, pensaba que sabíamos lo que era y no tendríamos que dar bandazos de médico en médico, pero otra parte estaba triste porque no sabía si esto iba a estar siempre durante mi vida. Y así fue, en primero de Bachillerato de nuevo empecé a sentir molestias, reagudizándose la visión doble nuevamente en ambos ojos. A causa de esta reaparición, mis calificaciones empezaron a bajar, algo que hasta ahora no me había pasado, ya que me esforzaba mucho para conseguir buenas notas. Agotado, retorcido en la cama porque los párrafos se entremezclaban, con nuevos tics, pero luchando, solo me quedaron dos asignaturas que con esfuerzo fui superando a lo largo del año. Me volvieron a operar y todo salió bien, me recuperé con secuelas en ciertos ángulos, pero podía hacer vida normal. Finalmente, en total fui operado tres veces hasta el momento.

Comencé Bachillerato con la gran ilusión de estudiar la FP de Grado Superior de Programación de la Producción en Fabricación Mecánica; simplificado, tornero fresador. Esa ilusión se desvanecía por momentos por su dificultad. Con mucha ayuda de profesionales, clases particulares y mi familia, conseguí llegar a segundo de Bachillerato.

Lo de siempre, nuevos compañeros, nuevos profesores y escaso conocimiento del ST. Es complicado olvidar las muecas de algunos profesores al realizar los tics, pero como nunca he sido una persona problemática y quise hacer de mi enfermedad como si no fuese un problema, reía con ellos, y a veces antes de empezar la clase avisaba al profesor de mi estado de nervios para que no se asustara. Fue de las situaciones más complicadas de mi vida.

Muchísimo esfuerzo, no lo puedo describir al 100 %, nervios, llantos, cambios de humor, nuevos tics, así recuerdo mi infancia. No tengo recuerdos de disfrutarla, tengo recuerdos de que a gracias a Dios pasó, y la pasé como mejor pude, poniendo todo el empeño y fuerzas que mi cuerpo me dejaba.

Terminé segundo de Bachillerato y me quedaron tres asignaturas para septiembre. Yo había realizado todos mis estudios como cualquier otro compañero, a mí no me dejaban más tiempo por tener Tourette, a mí no me facilitaban la descripción de los apartados en los exámenes para comprenderlos con más facilidad, no había ni un solo punto en el que me pudiera beneficiar, ya que no estaba en las mismas condiciones que mis compañeros. En los exámenes de 50 minutos, me tiraba 20 minutos pegando latigazos con el cuello y pedía más tiempo, pero aun viéndolo con sus propios ojos, por regla general me lo rechazaban. Yo nunca solicité privilegios, pero ante cosas así que ellos mismos veían no era lógico que no atendieran aquellas peticiones. Yo tampoco lo solicité por escrito porque todo era nuevo y estaba aprendiendo a vivir con él.

En septiembre llevaba tres asignaturas pendientes: Geografía, Historia y Filosofía; aprobé Historia. Y aun sabiendo mis problemas, me dejaron un año entero con dos asignaturas.

Habiéndolo intentado todo lo que había en mi cuerpo, no me quedaba más, estaba deprimido, pero no lo iban a conseguir. Me apunté en el siguiente año a un curso de celador, mis dos asignaturas de Bachillerato y a la autoescuela a sacarme el carnet del coche y de la moto. Hice pleno en todo y me sentí que podía superar situaciones complicadas, por lo menos esta vez.

ENCUENTROS CON
LA RESILIENCIA

Me hice miembro de la Asociación ASTTA. Buscábamos información del ST, ya que había muy pocas respuestas. Un chico que tenía ST, compañero de ASTTA, me dijo que con bolígrafos en las orejas, palillos o una gorra en la cabeza (pero en posición colgante) los tics se reducían, y era cierto. Yo soy un chico muy presumido y siempre me ha gustado vestir bien, y en acontecimientos importantes me ponía las gafas de sol en la cabeza.

Recuerdo que siempre perdía las gafas del sol en bodas y comuniones por los movimientos, pero me di cuenta de que, el tiempo que las llevaba pegadas en mi cabeza, los tics disminuían mucho y podía centrarme en vivir y no pensar en cuándo llegaría ese latigazo constantemente. Los tics disminuían y esos fuertes golpes que tanto daño generaban se podían controlar un poco, era suficiente.

Eso para mí era un mundo, había vuelto a nacer, os lo juro. Ya podía ir a una biblioteca sin que la gente me mirase, ya podía sentarme a cenar con mis padres en un restaurante sin sentir que estaba haciendo el ridículo y que era el centro de atención. En el instituto los profesores me dejaban llevarlas, había cambiado todo. Tenía ganas de levantarme por las mañanas. Lo primero que hacía al despertar era mirarlas y ponérmelas, y al acostarme lo último que hacía era quitármelas. Es lo primero y último que hago cada día, imagínense lo importante y lo mucho que significan para mí.

Para el fútbol me ponía una cinta en el pelo; no era igual de efectivo, pero algo retenía.

Vosotros os preguntaréis: «¿Y por qué unas gafas? ¿Por qué disminuyen los tics?». Yo tengo muchos tics, pero el que me estaba amargando la vida era el de pegar golpes en el cuello, en todas las direcciones. Si podía controlar ese, aunque fuera un 40 %, yo era feliz, y así fue.

Aún a día de hoy no sé por qué reducen los tics; lo único que he comprobado es que, al llevar las gafas sueltas en el pelo y mover la cabeza, las gafas se caen; por lo tanto, voy en una lucha continua inconscientemente para que estas permanezcan siempre en mi cabeza y consigo centrarme un poco en las situaciones externas y dejo a un lado el pensamiento constante de cuándo va a parar mi cuerpo.

Este es el método que utilizo yo para medianamente vivir sin que el ST se apodere de mí.

En estado de crisis anímica o mucho estrés soy yo el que me quito las gafas en determinados momentos para liberar tensión y realizar el tic, pero en la normalidad lo reduzco mucho y son menos intensos.

Mi día a día es complicado, todos los días son diferentes, nunca he podido tener esa paz mental o estabilidad emocional, soy como una montaña rusa de emociones. Hay horas que me siento muy feliz y eufórico, y otras donde estoy hundido; dependo mucho del qué dirán y lo sé, es un síntoma del ST que llevo trabajando muchos años, pero que aún no he podido controlar.

A veces digo frases que son las que me gustaría hacer y sé que es la manera correcta de afrontar una situación, pero a la hora de la verdad el ST actúa de tal manera que nubla esos pensamientos y actúa de manera no deseada. Todo esto lo llevo trabajando con especialistas desde pequeño, pero es muy complicado lidiar con pensamientos negativos constantemente, os lo aseguro.

CAMINO EDUCATIVO: ETAPAS SUPERIORES

Tras aprobar las dos asignaturas pendientes, hacer el curso de celador y sacarme el carnet de coche y moto, eché la inscripción de la FP de grado superior de tornero fresador.

A través de las plazas por discapacidad accedí a él, no me lo podía creer, algo positivo tendría que tener. Me fui a vivir a Murcia, aprobé el grado superior en dos años; llegué a septiembre con una asignatura, que aprobé. Mi capacidad para aprender sería inferior, pero a constancia y sacrificio no me gana nadie; de ahí los estudios que he conseguido realizar, con esfuerzo, dedicación y constancia. Al final debían aprobarme, si no a la primera, a la segunda, y así lo conseguí.

Pero todo no fue positivo, en clase y con chicos cada uno de una parte de la región recibí muchísimo *bullying*, pero eso no me iba a parar.

Se reían de mí por los movimientos del cuello y yo más nervioso me ponía, estaban pendientes de mí esperando que realizase el movimiento para reírse y eso a mí me ponía muy muy tenso, teniendo que salirme de clase en muchas ocasiones.

Los profesores del grado superior me ayudaron muchísimo. Si se reían, tenía que ser sin sonido, y yo estando delante no me daba cuenta de ello.

Cuando hice las prácticas, el estrés laboral generaba en mí un estado de nervios que desconocía y que en máquinas como el torno y la fresadora, con esos movimientos y tics que yo tenía, podía producir lesiones irreparables.

Me di cuenta de que no podría trabajar en ello, mis tics ponían en peligro mi integridad física frente al torno o fresadora. Yo quería trabajar, pero sabía que en este trabajo no iba a poder ser. Me había esforzado como nunca en sacarme la FP, pero la realidad había que aceptarla y empecé a buscar otras alternativas.

Fue una etapa y proceso duros porque me sentía decepcionado conmigo mismo y con mi entorno, que tanto me habían apoyado para conseguir esos estudios.

Mientras tanto, empecé a trabajar en una fábrica de conservas, en la campaña de la alcachofa. Ocho horas frente a una máquina realizando el mismo movimiento para introducir la alcachofa y que saliera pelada. Era alcachofa por 2 segundos y no me permitían llevar las gafas en la cabeza, cosa que me estresaba y generaba movimientos contantes, pegando latigazos con el cuello. Muy rentable para la empresa supongo que no sería: introducía una alcachofa, se generaba el tic y perdía dos turnos donde introducir otra alcachofa, un desastre. Aun así, aguanté dos meses de campaña.

Intenté buscar un trabajo donde no tuviera que estar encerrado en un local y que pudiera llevar las gafas en la cabeza. Mi padre era jefe de producción de DHESA, una empresa de producción porcina. Le comenté la posibilidad de que me metiera a trabajar en una granja en mi pueblo, las gafas se podían llevar y los horarios estaban bien. Trabajaba fines de semana, fiestas locales, Nochevieja, año nuevo, pero eso para mí no era problema.

Me enseñaron en todas las fases del ciclo productivo porcino, parideras, gestación y lechoneras. Una muy buena etapa, con muy buenos compañeros, que hicieron posible mi adaptación. En especial a ti, Martín, por enseñarme todo lo que sabías.

Mi padre, al ver que era una persona resolutiva y que mis compañeros hablaban bien de mí, decidió formarme en todas las áreas de la empresa, ya no solo en granja. Empecé a desplazarme a granjas de otras localidades, para mí y mi ST era perfecto, todo era diferente, no había aburrimiento, algo de estrés sí, pero la ilusión lo superaba.

Estuve en Santomera, Fortuna y Abanilla, y otros dos años mejorando la eficiencia de los trabajadores en granja, ya que conocía la manera y forma de trabajar de cada una de estas.

A veces era complicado porque yo era el hijo del jefe de producción, pero mi comportamiento y actitud hacían olvidar eso a mis compañeros. Yo era uno más, llegaba el primero y me iba el último, no tenía preferencias de nada.

Estuve trabajando a turnos de mañana, tarde y noche en fábricas de piensos, de molinero, y descargando y cargando lechones de madrugada.

Cuando pasé por todas las áreas, conocía a todo el personal de la empresa, sabía hacer todas las tareas, desde descolmillar hasta recelar. Mi padre me quitó los fines de semana y me puso a cargo de una explotación porcina de 2000 madres.

Me sentía muy útil en las tareas que desempeñaba. Cuanta más experiencia tenía y más sabía hacer las cosas, menos tics tenía y podía lidiar mi vida y mi Tourette con mi vida laboral, algo que me había costado tanto tras la decepción de mis primeros estudios.

Estuve cuatro años muy a gusto, pero como siempre he sido una persona con metas y ganas de superación, decidí irme a estudiar el Grado Superior de Ganadería y Asistencia en Sanidad Animal. Lo tenía todo, y cada vez tenía más tranquilidad mental, pero sabía que podría crecer en este sector.

Había descubierto lo que me gustaba y en lo que podía trabajar, y para ello quería estar formado al 100 %.

Mi padre me animó y mi cuñado, Alfonso, también, al que, por cierto, conozco desde que tengo uso de razón. Es una persona alegre, bondadosa y que siempre he tenido cerca cuando lo he necesitado. Alfonso trabajaba en el Grupo Fuertes, una empresa importante en su sector. Si hacía el grado superior que me había propuesto, podría hacer las prácticas en esta empresa. Y así sucedió.

UNA LABOR DE RESPONSABILIDAD

Estudié este grado en Lorca, desplazándome durante dos años a una hora de casa. Dejé mi puesto de trabajo con la intención de crecer en el sector. Fueron dos años muy complicados de estudio, pero era lo que había estado practicando durante cuatro años. Fue mucho menos intenso y estresante que el primer grado superior que cursé, porque ya lo conocía.

Cuando estudiaba, todo era más complicado, aparecían los monstruos y las obsesiones con más facilidad, él se apoderaba de mí. Las dudas llegaban a mi cabeza: «¿Y si esta vez no podía conseguir lo que quería? ¿Y si, terminado el grado superior, Grupo Fuertes no quería contar con alguien que tuviera tantos movimientos involuntarios?». O les resultaría raro que llevara gafas en la cabeza todo el día, o si pensarían que no pudiera cumplir mis funciones. Mi padre era jefe de producción de otra empresa, yo sentía que era válido y así me lo hacían ver, pero ¿y si yo no valía y todos esos comentarios eran porque era hijo del jefe? ¿Quién le iba a decir al jefe que su hijo no valía o que lo echara?

El grado lo puedo resumir como una experiencia inolvidable, a diferencia de la ESO o Bachillerato y mi infancia, donde no había descubierto el método de las gafas en la cabeza. Aquí sí podía disfrutar de la vida, disfrutar el momento, con mil bajones, con depresiones constantes, pero con un poco de control sobre mi cuerpo.

Entre el verano de primero y segundo año, le pedí a un profesor trabajo para no estar parado los meses de julio y agosto, y me ofrecieron un puesto de trabajo con la empresa de Alimer en Pulpí, Almería, como encargado de explotación, una buena experiencia que me sirvió para crecer como persona y tener menos dudas y reafirmarme en que sí era una persona válida para acceder a Grupo Fuertes.

Quería entrar en el mundo laboral y que me trataran como lo que soy, una persona normal con pequeñas alergias; esta última palabra es un término que siempre he utilizado en mi infancia para concienciarme a mí mismo de que era un problema menor y para no recibir el rechazo de la sociedad.

Bajo ningún concepto digo que la inserción social sea negativa, al contrario, pero yo quería elegir mi futuro, costara lo que costara. Quería tener las mismas oportunidades que los demás.

Terminé segundo de Ganadería, fui la tercera mejor nota de la clase. Recuerdo con entusiasmo que mi centro, Cifea, habló con Cefusa, empresa del Grupo Fuertes, y me recomendó, y ese mismo lunes comencé a trabajar con un contrato de un año prorrogable hasta tres por tener discapacidad, un contrato adaptado a mí. Una empresa que, sin conocer mis problemas, me dio la oportunidad de entregarle todo lo que había aprendido a lo largo de mi vida.

Comencé a trabajar en Cefusa. La adaptación no fue fácil, pero mi cuñado, Alfonso, trabajaba allí y el aprendizaje fue muy bueno.

Los bajones, cambios de humor, depresiones continuaban, pero lo llevaba de la mejor manera posible.

Me ponía metas, propósitos a corto plazo. Lo sigo haciendo a día de hoy, eso mantiene mi mente ocupada, y los pensamientos negativos que siempre estoy recibiendo en mi mente disminuyen.

Mi estado de ánimo pende de un hilo por culpa de mi ST, de un «hola» que te diga una persona con felicidad o tristeza, y según lo haga, llegan pensamientos negativos o positivos a tu cerebro de por qué te saluda así: «¿Le habré hecho algo? ¿Por qué me saluda así? ¿Le habrá sentado algo mal?».

Me adapté pronto a mis compañeros, continué creciendo, me prorrogaron dos años más de contrato y al tercero me hicieron fijo. El miedo a creer que no era válido había disminuido.

Al llegar a casa, aún recuerdo el abrazo de mis padres y hermana. Gracias a ellos, tenía una vida laboral estable, convivía de mejor manera con el ST y tenía ganas de levantarme al despertar.

Había empezado laborales de más responsabilidad en la granja. Mi encargado, Juan Jiménez, me motivaba constantemente día a día. Nunca dejabas de aprender de él, charlas eternas fuera y dentro del trabajo; hacía de psicólogo conmigo, en mis peores momentos. Una gran ayuda para el futuro que me deparó.

Estaba comiéndome una manzana en el almuerzo, recibí la llamada del jefe de producción de Cefusa, me puse de los nervios.

Mi mente me decía: «¿Qué has hecho? ¿Te van a despedir? ¿No habrá trabajo?».

Cogí el teléfono y me citó al día siguiente en la oficina, quería hablar conmigo.

No sabía sobre qué era, no se lo pregunté del miedo a lo que decían mis pensamientos, o, mejor dicho, el TOC.

No pude dormir en toda la noche, mis nervios lo impedían. Me presenté allí a la mañana siguiente, bien arreglado, aseado, con mis gafas en la cabeza… Me miraron y empezaron a decir cosas positivas sobre mí: responsable, trabajador, con mucha experiencia en el sector, ofreciéndome ser encargado de zona, con aumento de sueldo, coche y móvil de empresa. Un trabajo de mucha responsabilidad con unas 50 personas que dependen de ti. No lo dudé, dije que sí. Salí de allí muy contento, impresionado, asustado, haciendo muecas con la cara y con muchos tics en el cuello. No sabía cómo se habían fijado en mí, ahora el primer pensamiento que me llegaba constantemente a la cabeza era si iba a ser capaz de cumplir con los objetivos que requería ese puesto de trabajo.

Mi hicieron sentir importante y, junto con mi familia, logré el objetivo de que sería posible. A día de hoy, lo es, y sigo ejerciendo como tal.

Llevo cebaderos externos a la empresa junto con el veterinario en la zona de Vélez Rubio, Vélez Blanco, María, Topares, La Parroquia…

Mi calidad de vida laboralmente ha mejorado mucho y me siento orgulloso. Un ascenso merecido y, lo más difícil, reconocido por la empresa.

En muchos momentos he pensado que sería lo máximo que podía lograr, pero a día de hoy sigo haciendo cursos y formándome en el sector porque creo mucho más en mí y este proceso laboral me ha ayudado muchísimo a todas las inseguridades que genera mi mente diariamente.

Puedo decir que soy feliz laboralmente y doy las gracias a todos lo que me han formado y ayudado en este camino, desde familia a los profesores. En especial, a Antonio Moya, José Luis, Víctor, José Legaz y Salvador Legal, que me enseñaron desde el minuto uno, además de todos mis compañeros, que han hecho posible mi adaptación en el nuevo puesto de trabajo.

MOTOCICLISMO

Mi afición por las motos empezó desde que era pequeñito. Mi padre me montaba en su BMW K 75, incluso tenía mi equipación completa.

La concentración invernal en bullas, noviembre, era mi momento favorito del año, venían moteros de toda España, y yo a lado de mi padre, que fue uno de los fundadores, orgulloso, me iba presentando a muchísimos amigos que a día de hoy aún mantengo contacto.

Comencé mi andadura con mi Ducati 250 Deluxe, del año 1976. Más adelante, mi padre me restauró una Ducati 500 Twin, motos muy bonitas y con muchos recuerdos, pero para poder salir con el grupo de amigos que llevaban motos modernas y más potentes, al cabo de los años me compré una Ducati Monster 696.

En la moto, cuando era más pequeño, no tenía casi tics, pero con el paso de los años y no poder llevar las gafas en la cabeza por el casco, sí que he ido dejando mis salidas poco a poco por este motivo.

Esto que voy a contar jamás se lo he contado a nadie, pero creo que es el momento de hacerlo.

Como sabéis, mi vida cambió cuando descubrí mis gafas de sol, pero con la moto es complicado, no puedo ponérmelas, y de ahí mis limitaciones de cogerla con poca frecuencia. Desearía con toda mi alma cogerla a diario, pero me genera mucho estrés ir montado encima y no llevar las gafas, además de los fuertes movimientos que hago encima de ella; y de ahí los daños cervicales que se me han generado con el paso de los años.

Por esto solo me limito a cogerla en etapas donde no estoy estresado y tengo menos influencias de tics, y eso se produce bien poco.

A día de hoy sigo buscando ese elemento que pueda llevar dentro del casco para reducir los tics, igual que encontré las gafas.

Si pensáis que voy a vender la moto o que sería lo mejor, estáis muy equivocados, porque solo con saber que está en mi cochera y que dándole al botón la arranco, mi corazón está lleno. Si puedo permitírmelo, y ojalá Dios quiera, siempre estará cerca de mí.

LA CRUDA REALIDAD

El ST no me ha impedido entablar buenos lazos de amistad, al igual que tener parejas. En general todas las personas que he conocido han aportado algo positivo en mi vida, ya que pienso que, si transmites alegría y positividad, lo que recibes es eso, aunque no siempre ha sido así.

Anteriormente tuve una relación bastante tormentosa. Tras varias idas y venidas, al final, gracias a Dios, la relación terminó.

Un año más tarde, cuando conseguí salir de todo aquello y mejor me encontraba, me llegó una denuncia de esta relación.

A día de hoy sigo acarreando las consecuencias de esa denuncia, ya que esto es un proceso delicado y largo por el que quedan muchas cosas que demostrar.

Debido a la situación que me ha tocado vivir, estoy luchando como miles de personas contra sentencias que no conocen la presunción de inocencia.

Toda esta situación de estrés ha incrementado mucho más mis tics: primero rotura de dientes por apretones constantes con la mandíbula, bruxismo, sorbetones de nariz como si estuviera resfriado constantemente, que generaban en mí situaciones como no querer ir a reuniones sociales por vergüenza y poder molestar a mi entorno, y tics que ya tenían aumentaron.

Aun siendo difícil, he podido continuar con mi vida mientras lucho diariamente contra la cruda realidad del proceso, porque gracias al apoyo de mi gente he entendido que la verdad saldrá a la luz.

Puedo decir que le he ganado la batalla al síndrome de Tourette en este aspecto y tengo los valores suficientes para afrontar la situación con determinación.

UNA MIRADA A LA INCLUSIÓN

En un mundo donde la diversidad es cada vez más valorada, aún persisten barreras que impiden la plena inclusión de muchas personas. Quiero dirigirme a ustedes desde un lugar personal, compartiendo mi experiencia con el síndrome de Tourette y haciendo una llamada urgente a la empatía y el cambio.

Durante años, he lidiado con las burlas y risas de quienes no comprenden lo que es vivir con este trastorno. Los tics motores y vocales son parte de mí, pero no definen quién soy. Si embargo, en numerosas ocasiones he sido objeto de burla en la escuela, en la calle, incluso en entornos laborales donde debería haber respeto y comprensión. Esa falta de conocimiento y aceptación genera no solo dolor, sino también un profundo aislamiento.

Es imperativo que como sociedad empecemos a reconocer que el síndrome de Tourette no es una broma ni un espectáculo. Es una condición neurológica que afecta a miles de personas, y detrás de cada tic hay una historia, una vida llena de retos y de lucha. La risa y el desprecio, en lugar de ser respuestas adecuadas, perpetúan un ciclo de discriminación que necesitamos romper urgentemente.

A todos los que leen esto les pido que se informen sobre el ST, escuchen las historias de quienes lo vivimos y aprendan sobre realidades que enfrentamos. La inclusión se logra a través del entendimiento y cada pequeño paso hacia la educación puede eliminar el estigma que rodea a este trastorno.

No se trata solo de tolerancia, sino de verdadera aceptación. Cuando alguien hace un comentario despectivo o se ríe de una persona con Tourette, no se da cuenta del dolor que provoca.

La inclusión no debe ser solo una palabra de moda, sino un principio que guíe nuestras acciones diarias.

Hago un llamamiento a la acción a los educadores, padres, empleados y a toda la sociedad. Inculquemos valores de respeto y solidaridad desde una edad temprana. Creemos espacios seguros donde todas las diferencias sean celebradas y donde cada individuo, independientemente de sus desafíos, pueda brillar sin miedo a ser juzgado.

Hoy, más que nunca, necesitamos construir un mundo donde la empatía sea la norma y no la excepción. La inclusión de las personas con síndrome de Tourette no solo beneficia a quienes lo padecemos, sino que enriquece a toda la sociedad. Juntos, podemos hacer la diferencia y poner fin a las risas hirientes que solo fomentan el dolor.

RESILIENCIA Y ESPERANZA

Hay muchos factores externos que pueden afectar tanto positiva como negativamente a tu bienestar emocional y a conllevar el ST con más facilidad. Todo lo que contaré ahora son experiencias positivas y aprendizajes que he ido viviendo a lo largo de mi vida.

A la mayoría nos encanta tomar una cerveza con los amigos o familiares, o esa caña fresca del sábado a mediodía, pero, bajo mi experiencia, y habiéndome dado cuenta hace muy poco tiempo, en mi caso, el alcohol es incompatible con el ST y TDAH.

El estado de nervios y estrés que se padece desaparece, ya que tu cabeza deja de estar en alerta constante; parece una terapia de desconexión, pero al día siguiente llega el TOC y te hunde por semanas, sin poder levantar cabeza. Te da vergüenza salir a la calle y parece que has hecho algo mal aunque no lo hayas hecho. Es una subida de felicidad y efusión en ese momento y un bajón inmenso de depresión al día siguiente, una montaña rusa donde nunca estás estable emocionalmente. Si a esto le sumas que estás tomando medicación, bajo la voz de mi experiencia os diría que se puede ser feliz sin tomar alcohol, y que por lo menos a mí me pasa así.

Me ha llevado mucho tiempo aceptar que no puedo tomar ni una cerveza, pero a día de hoy lo he conseguido y soy mucho más feliz con ello.

La sociedad no está hecha a salir una noche y no beber, es muy estresante cuando te ofrecen constantemente, pero con fuerza de voluntad es posible.

A nivel médico, este año ha sido muy importante para mí, porque he conocido a las dos mejores profesionales que podría tener. He pasado por muchos psiquiatras y psicólogos, y les doy las gracias por su ayuda y dedicación; pero este año con mi psiquiatra, Mercedes, y mi psicóloga, Diana Vasermanas, estoy más feliz que nunca porque. además de hacerme un seguimiento más constante y notar yo esa preocupación en hacerme mejorar, el próximo mes empezaré una nueva medicación que reducen mis tics, algo que desconocía y que gracias a ellas he podido descubrir. Lo espero con muchas ganas. De nuevo, gracias.

Es muy importante rodearse de profesionales que se toman mucho interés en ti y es muy importante reconocer tú mismo tus problemas y saber que necesitas ayuda, y así podrás enfrentarte a ello mejor.

También es muy importante el tema deporte y dieta saludable. Para mí ha sido bastante difícil porque aumentaba el estado de nervios y de ahí más tics, pero buscando un deporte que te guste o saliendo a caminar en pareja tranquilamente es posible cansar tu cuerpo para poder dormir y descansar mejor, para liberar toda esa tensión que el ST y el TDAH te hacen tener.

A lo largo de los años también me he dado cuenta de una cosa muy importante, porque todo no van a ser problemas, y es que las personas con TDAH por lo menos en mi sector somos más productivos y resolutivos, y tenemos esa capacidad y responsabilidad de tener que hacer todo el trabajo de la mañana poniéndote metas constantes y nervioso por si no sale. Te tomas el trabajo como algo personal. Yo tengo claro que mi hiperactividad me ha ayudado para ser más productivo y tener mejores puestos de trabajo aunque a la hora de estudiar fuera complicado, pero os daréis cuenta con los años de que merece la pena, luchadores.

Yo tengo un puesto de responsabilidad en Grupo Fuertes, y si yo lo he conseguido, tú también podrás lograrlo.

Y, por último, el motivo principal por el que me encuentro feliz aun pasando por el proceso que os comenté. En San Pedro del Pintar me dieron el diagnóstico de mi enfermedad y, por capricho del destino, en San Pedro del Pinatar conocí al amor de vida, muchos años después.

Se llama Cristina Faya Guijarro, nos tirábamos horas y horas hablando, y tanto es que llegó a conocerme que sabía lo que me pasaba sin que yo se lo hubiera contado aún. Nunca olvidaré cuando por su boca salió: «¿Puede que tengas síndrome de Tourette?».

Me comprendía a la perfección y me aceptaba con mis tics y problemas como nadie lo había hecho.

Siempre con una sonrisa en la cara, ayudándome en este proceso tan duro, animándome día a día, sintiéndome querido y comprendido.

Yo había perdido la esperanza de tener a alguien a mi lado que me quisiera como soy, y ella, además de eso, me valora y saca lo mejor de mí, que incluso yo desconocía, cada día.

Es a día de hoy uno de los principales motivos de mi bienestar.

Para mí es complicado expresar un estado de ánimo, ya que mi estado varía por horas, pero ella hace que, si estoy feliz, sea por más tiempo.

Y aquí vivo, junto a las salinas de San Pedro, con ella, sus padres y familia, que es de las cosas más bonitas que me han pasado en la vida, junto con mi socio José María, que cuando aparece por la puerta con esa ilusión y sonrisa tan característica en él hace que desaparezcan tus problemas.

Un pueblo muy bonito donde constantemente vienen mis amigos a visitarme; otro de los principales factores que influyen positivamente en tu enfermedad: relaciones sanas y amistades de corazón.

Gracias a los nombrados y a los que me dejo por el camino, vosotros sabéis quiénes sois, por hacerme sentir importante en vuestras vidas y hacer de mis tics algo normal. Sin vosotros tampoco hubiera sido posible.

MIRANDO HACIA EL FUTURO

Sé que no he tenido una infancia fácil y que por el desconocimiento en la sociedad del síndrome de Tourette ha sido más difícil todavía, pero tengo fuerzas, tengo muchas ganas de vivir y muchas ganas de volver a superarme.

Sigo luchando diariamente con el Tourette y aprendiendo a diario de él.

Porque un día decidí que formara parte de mí y comprendí que, siendo un equipo el Tourette y yo, tendríamos menos problemas.

Con este pensamiento positivo puedes aprender de los sucesos y darles una solución.

Sabiendo dónde está la raíz y por dónde pueden venir tus problemas, es más sencillo afrontar situaciones complicadas de estrés o tics.

Ya no me da vergüenza decir que tengo ST, ahora puedo ser yo en mi totalidad, además de conseguir una discapacidad del 51 %.

Respecto a la visión doble por la que he tenido varias operaciones a lo largo de mi vida, me ha vuelto a aparecer y al final de año me volveré a operar.

También me he dado cuenta de que no hay que darle más importancia de la que tiene y que después de la operación todo volverá a la normalidad.

En este momento me encuentro de baja laboral para adaptarme a la nueva medicación que hace disminuir mis tics, ya que con el paso de los años han generado protrusiones discales en las cervicales y algún edema óseo que tengo que tratarme ocasionalmente.

Pero tengo muchísimas ganas de volver a trabajar y disfrutar del maravilloso trabajo que tengo.

Si me has dado la oportunidad de poder acceder a ti contándote un poquito de mí, te doy las gracias y, si te sientes identificado conmigo en diversos aspectos, solo quiero decirte que puedes, que eres una persona única y que siendo positivo todo es más fácil.

¡Déjate ayudar y únete a él, campeón!

REFLEXIÓN

El síndrome de Tourette es una condición que, a menudo, se acompaña de malentendidos y estigmas. Sin embargo, quiero invitar al mundo a mirar más allá de las primeras impresiones y a comprender que cada uno de nosotros, independientemente de los desafíos que enfrentamos, tiene la capacidad de brillar con fuerza.

Para aquellos que padecen esta condición, el viaje puede ser complicado, pero cada paso hacia la aceptación es un triunfo valioso.

Aceptar nuestras diferencias no solo nos empodera, sino que también nos permite construir una mejor relación con nosotros mismos.

Mi mensaje para vosotros es claro: el primer paso hacia una vida plena es unirse a su propio ser; conocer nuestras debilidades es el primer paso para transformarlas en fortalezas.

El conocimiento es la herramienta más poderosa que poseemos. Aprender sobre el síndrome de Tourette, sus particularidades y cómo se manifiesta en cada individuo nos ayuda a crear un entorno de aceptación y empatía.

Quiero instar a la sociedad a involucrarse en este proceso educativo; informar y desestigmatizar es fundamental para que todos podamos avanzar juntos.

Cada persona que vive con el ST tiene una historia, una lucha y sobre todo un potencial enorme. La comprensión y el apoyo de quienes nos rodean son cruciales.

Así como el sol ilumina el día, el amor y la comprensión iluminan nuestros caminos.

A los que están lidiando con el síndrome, les digo: no están solos. Juntos, podemos levantarnos ante los desafíos y vivir plenamente. Con un corazón fuerte y una mete abierta, podemos convertir nuestras diferencias en un puente hacia un futuro mejor.

El viaje puede ser duro, pero con la unidad, el conocimiento y el amor podemos lograrlo.

La vida nos ofrece la oportunidad de ser agentes de cambio. Abracemos esa misión.

Estamos aquí para ayudarnos mutuamente, para construir un mundo donde la diversidad sea celebrada y donde cada voz, sin importar sus desafíos, tenga la oportunidad de ser escuchada.

Unámonos, aprendamos y crezcamos juntos.

La verdadera fortaleza reside en la mente.

¡Adelante!

ÍNDICE